novembre 1899

1

VENTE

APRÈS DÉCÈS DE M. J.-A. V***

BEAU MOBILIER

Bijoux, Argenterie, Dentelles

SCULPTURES EN MARBRE, BRONZES D'ART

24 Tapisseries anciennes

TABLEAUX

EXPOSITION PUBLIQUE

HOTEL DROUOT — SALLE N° 6

Le Lundi 20 Novembre 1899

VENTE les 21, 22, 23 et 24 Novembre

COMMISSAIRES-PRISEURS

Me BARTAUMIEUX	Me Paul FOURNIER
334, rue Saint Honoré	3, boulevard Sébastopol

EXPERTS

MM. MANNHEIM	M. B. LASQUIN
7, rue Saint-Georges	12, rue Laffitte

PARIS — 1899

IMPRIMERIE MAULDE & RENOU

MAULDE, DOUMENC & Cie

IMPRIMEURS DE LA COMPAGNIE DES COMMISSAIRES-PRISEURS

Rue de Rivoli, 144 — Paris

CATALOGUE

D'UN

BEAU MOBILIER

Moderne et ancien

BIJOUX, BRILLANTS, NOMBREUSE ARGENTERIE

DENTELLES, FOURRURES

Porcelaines et Faïences anciennes, Émaux cloisonnés

Sculptures en marbre, par D'ÉPINAY, LAPINI, etc.

Bronzes d'Art et d'Ameublement, de BARBEDIENNE

STATUETTES — GARNITURES DE CHEMINÉES — VASES

Meubles et Sièges de GUÉRET, PIANO, BILLARD

24 TAPISSERIES ANCIENNES

DE BRUXELLES ET D'AUBUSSON

à Sujets de Figures et Verdures, Belles Bordures

TABLEAUX MODERNES

BONS MEUBLES COURANTS, RIDEAUX, TAPIS, LITERIE

Vaisselle, Cuisine, Chambres de Domestiques

COUPÉ et VICTORIA

Le tout dépendant de la Succession de M. J.-A. V***

ET DONT LA VENTE AURA LIEU APRÈS DÉCÈS

HÔTEL DROUOT — SALLE N° 6

Les Mardi 21, Mercredi 22, Jeudi 23 et Vendredi 24 Novembre 1899

À DEUX HEURES

COMMISSAIRES-PRISEURS

Me BARTAUMIEUX	Me P. FOURNIER
334, rue Saint-Honoré	3, boulevard Sébastopol

EXPERTS

MM. MANNHEIM	M. B. LASQUIN
7, rue Saint-Georges	12, rue Laffitte

EXPOSITION PUBLIQUE

Le Lundi 20 Novembre 1899, de 1 heure 1/2 à 5 heures 1/2

CONDITIONS DE LA VENTE

Elle sera faite au comptant.

Les Acquéreurs paieront CINQ POUR CENT en sus du prix d'adjudication.

L'Exposition mettant le public à même de se rendre compte de l'état des objets, il ne sera admis aucune réclamation une fois l'adjudication prononcée.

MAULDE, DOUMENC et Cie, imprimeurs de la Cie des Commissaires-Priseurs, rue de Rivoli, 144. 1000—8187

DÉSIGNATION

BIJOUX

1 — Rivière composée de quarante et un brillants, monture or et platine.

2 — Bracelet composé de quinze brillants, de huit autres brillants plus petits et de six entre-deux en roses.

3 — Bracelet en or orné de six émeraudes, quarante-deux brillants et de roses.

4 — Deux Boutons de manchettes en or, ornés chacun d'une perle et d'une rosace en petits brillants.

5 — Deux Boutons de chemise en or, ornés chacun d'une perle entourée de six petits brillants.

6 — Chapelet en malachite monté en or.

7 — Deux Boutons de chemise en or, ornés chacun de treize petites perles et de roses.

8 — Broche et deux Boutons d'oreilles, or émaillé, entourés de demi-perles.

9 — Bracelet camée tête de Femme, monture en or avec petites demi-perles.

10 — Peigne en écaille avec galerie en roses, une perle, deux rubis, un saphir et un brillant.

11 — Deux Boutons de manchettes en améthyste.

12 — Deux Boutons de chemise en or gravé (chiffre J. V.).

13 — Peigne en écaille et or.

14 — Deux Épingles de cravate, l'une avec perles et roses, l'autre en corail.

15 — Médaillon en or avec chiffre en or et roses.

16 — Porte-Monnaie et Flacon à sels en argent.

17 — Broche écossaise en pierres dures et argent, forme trousse de chasse.

18 — Deux Boucles d'oreilles en corail et or et petites roses.

19 — Trois Boutons de chemise en or, un avec boule en corail.

20 — Face à main en écaille et un Éventail chinois en ivoire.

ARGENTERIE & PLAQUÉ

21 — Soupière ovale, genre Louis XV, en argent ciselé et gravé, décor de rinceaux, de chez OPPERMANN.

22 — Deux Saucières sur plateaux, genre Louis XV, en argent.

23 — Deux Légumiers en argent, de chez Odiot, les boutons des couvercles formés par un chou-fleur et un artichaut.

24 — Soupière ronde à piédouche, le bouton du couvercle formé d'un chou, en argent.

25 — Grande Soupière ovale en argent.

26 — Deux Réchauds ronds avec cloches, en argent.

27 — Grand Plateau de service en argent, de chez Odiot.

28-31 — Quatre Plats ronds à bordures contournées, de dimensions graduées, en argent, de chez Odiot.

32 — Un Plat ovale à contours en argent, de chez Odiot.

33 — Deux Plats ronds en argent, de chez Aucoc.

34 — Un Plat ovale en argent, de chez Aucoc.

35 — Deux Plats creux en argent.

36 — Un Plat ovale en argent, de chez Granvigne.

37 — Un Plat ovale en argent.

38 — Service en argent de chez Maret, comprenant : une Théière, une Cafetière, un Pot à crème et un Sucrier.

39 — Service en argent à décor de feuillages, comprenant : Une Théière, une Cafetière, une autre petite

Cafetière, un Pot à lait, un Pot à crême et un Sucrier.

40 — Deux Corbeilles à pain, forme ovale, simulant la vannerie, en argent anglais.

41 — Broc à bière en argent guilloché anglais.

42 — Deux Salières doubles surmontées de figurines, en argent, de travail anglais.

43 — Poivrière en forme de seau, argent anglais.

44 — Petite Soupière Empire et son plateau en argent gravé.

45 — Porte-Huilier Empire en argent, à pieds griffes.

46 — Porte-Huilier Empire, en argent.

47 — Six Coquetiers Empire, en argent.

48 — Quatre Bouts-de-Table Empire, en argent.

49 — Deux Moutardiers Empire, en argent.

50 — Samovar et son support, en argent, avec sa lampe.

51 — Douze Dessous de carafes, en argent.

52 — Un petit Sucrier et une petite Théière, genre japonais, en argent.

53 — Petite Cafetière en argent, avec manche en bois.

54 — Coffret à biscuits, forme oblongue, le bouton du couvercle formé de raisins.

55 — Un petit Pot à crème, genre Louis XV, en argent.

56 — Une Salière, forme hibou, en argent.

57 — Petite Cafetière unie, le bouton du couvercle formé d'une pomme.

58 — Petite Cafetière en argent, de chez ODIOT.

59-61 — Trois Poêlons en argent, à manches d'ivoire.

62 — Corbeille à pain en argent gravé.

63 — Six petits Gobelets et deux petites Flûtes à liqueur, en argent.

64 — Porte-Verre en argent ajouré.

65 — Service verre d'eau avec garniture en argent.

66 — Moulin à poivre en argent guilloché.

67 — Moutardier en cristal et argent.

68 — Tasse et Soucoupe en argent gravé.

69 — Tasse à anses grelots et son présentoir, en argent.

70 — Plat à œufs en argent.

71 — Coupe-œuf en argent.

72 — Cinq Ronds de serviettes en argent.

73 — Paire de Ciseaux à raisins, en argent ciselé.

74 — Une Pince en argent et un Passe-thé.

75 — Service de table en argent, à filets, chiffré P. V., comprenant :

Vingt-quatre grandes Cuillers et vingt-quatre Fourchettes ;

Vingt-quatre Cuillers et vingt-quatre Fourchettes à entremets ;

Trente-six Cuillers à café ;

Deux Cuillers à sauce ;

Une Cuiller à ragoût ;

Une Louche ;

Une Cuiller à fraises.

Deux Cuillers à compote ;

Une Pince et une Cuiller à sucre ;

Une Cuiller à moutarde et quatre Pelles à sel.

(Ce lot pourra être divisé).

76 — Une Louche, trois Cuillers, trois Fourchettes, trois Cuillers et trois Fourchettes à entremets, en argent, à médaillons et rubans, chiffre P. V.

77 — Vingt-quatre grandes Fourchettes et vingt-quatre Cuillers en argent, à médaillons, chiffre P. V.

78 — Douze Fourchettes à huitres, en argent.

79 — Une Louche en argent, à filets.

80 — Deux Cuillers à punch, en argent, à manche ajouré.

81 — Une Truelle à poisson et une Pelle à asperges, en argent.

82 — Un petit Poêlon et sa lampe, en argent.

83 — Une Pince à sucre chiffrée P. C. et une Cuiller à sucre, en argent.

84 — Sept Pièces : Pelles à sel et Pince à sucre, en argent et vermeil.

85 — Service à manches en ivoire, composé de : Une truelle à poisson, un Couvert à salade, un Service à découper, sept Pièces à hors-d'œuvre ; le tout garni en argent.

86 — Quarante-huit Couteaux à manches d'ivoire.

87 — Vingt-quatre Couteaux à dessert à manche de nacre et lames d'acier.

88 — Vingt-quatre Couteaux à dessert à manches de nacre et lames d'argent, en deux modèles.

89 — Deux Couteaux à fromage et une Pelle à glace.

PLAQUÉ

90 — Bouilloire à thé et son support, de style Louis XVI.

91 — Un Réchaud rond, cinq Bouts-de-Table en deux modèles, un Plateau à lettres en métal gravé.

92 — Couverts et Couteaux.

DENTELLES NOIRES

93 — Jupe Chantilly, 3m,20.

94 — Pointe Chantilly.

95 — Petite Pointe double.

96 — Lot de 9 mètres Chantilly.

97 — 9^{m},40 Guipure noire.

98 — Deux Barbes dentelle noire.

99 — Lot de neuf pièces, dentelle noire.

100 — Lot de blonde noire.

101 — Corsage guipure noire.

DENTELLES BLANCHES

102 — 3^{m},60 et 1^{m},40 Guipure moderne.

103 — 6 mètres Guipure bride, en trois coupes.

104 — 4 mètres Guipure bride.

105 — 1^{m},25 Guipure bride.

106 — 2^{m},70 Point duchesse.

107 — 2^{m},40 Point duchesse.

108 — 6^{m},70 Point d'Alençon moderne.

109 — Barbe, point à l'aiguille.

110 — Barbe, point à l'aiguille.

111 — Demi-parure, point duchesse.

112 — 0^{m},50 de Dentelle haute, 2 mètres de basse, point à l'aiguille.

113 — Echarpe, point à l'aiguille.

114 — 2 mètres, Application haute.

115 — 4 mètres, Application, point à l'aiguille réappliqué.

116 — Barbe, dentelle Lama.

117 — 0m,90 cent. Point à l'aiguille.

118 — Echarpe, tulle brodé.

119 — 4m,50 Broderie à dents, en cinq coupes.

120 — 2 mètres Entre-deux Venise.

121 — 1 mètre Application d'Angleterre et Col duchesse.

122 — 1m,50 Dentelle Colbert.

123 — 8 mètres Valenciennes, très fine.

124 — 1m,50 Valenciennes.

125 — 6m,70 Valenciennes.

126 — 1m,40 Valenciennes, pareille à la précédente, plus 15m,50 Entre-deux, même dessin.

127 — 7m,50 Binche.

128 — 1m,80 Malines.

129 — Trois Cravates Valenciennes.

130 — 6m,50 Valenciennes.

131 — 3 mètres Entre-deux.

132 — 3m,70 Valenciennes, en deux coupes.

133 — 12 mètres petite Valenciennes, en six coupes

134 — Quatre coupes.

135 — 2 mètres Valenciennes.

136 — 1^{m},50 Valenciennes.

137 — Deux Echarpes garnies Valenciennes.

138 — Col application Bruxelles.

139 — Mouchoir brodé, garni de Valenciennes.

140 — 1 mètre Guipure d'Irlande.

141 — 8^{m},50 grosse Guipure.

142 — Coupe Guipure, deux morceaux.

143 — Parure guipure d'Irlande.

144 — Deux Parures, guipure d'Irlande.

145 — Parure Irlande et toile.

146 — Six Morceaux, guipure d'Irlande, 2^{m},50.

147 — Deux paires Manchettes, guipure d'Irlande.

148 — Six Morceaux vieille guipure.

149 — Sept Morceaux divers.

150 — Deux paires de Manches, deux Cols, deux petits Morceaux guipure, le tout moderne.

151 — Paire de Manches, coupe dentelle laine, petit Bonnet, coupe frivolité.

152 — Quatre Morceaux imitation guipure, deux Morceaux guipure ancienne.

153 — Deux Parures guipure ancienne, sept petits morceaux d'Entre-deux, guipure ancienne.

154 — Paire de Manchettes, guipure d'Irlande et une Pelote.

155 — Petit lot Valenciennes, Bruges, etc.

156 — 7 mètres Valenciennes de différentes hauteurs, et un Col.

157 — Gilet soie, garni de Valenciennes, Echarpe mousseline, garnie Valenciennes.

158 — Cravate Valenciennes, Col mousseline, garni dentelle.

159 — Echarpe imitation blonde.

160 — Grand Col à pattes, guipure moderne.

161 — Petite Echarpe crêpe de Chine.

162 — Châle de l'Inde.

163 — Lot de soieries, différentes couleurs.

164 — Manteau garni de 4 mètres point d'Angleterre, 4 mètres Chantilly.

165 — 7m,20 Damas noir.

166 — Deux Corsages violets, garnis de Valenciennes.

167 — Corsage vert, 2 mètres dentelle de Chantilly.

168 — Visite noire garnie de Chantilly, 8 mètres.

FOURRURES

169 — Pelisse en kamtchatka, doublée de soie.

170 — Couverture en ours, doublée de drap.

171 — Collet en velours et kamtchatka lustré.

172 — Collet en loutre.

173 — Pèlerine de cocher en ours.

174 — Un Col, deux Parements en kamtchatka.

175 — 0m,40 de Kamtchatka et six Queues.

176 — Une paire de Manches en petit gris, quatre motifs en loutre.

177 — Un Manchon en breitshwanz et un autre en kamtchatka.

PORCELAINES

178 — Deux grands Vases ovoïdes à piédouche et à deux anses, en porcelaine dure du commencement du XIXe siècle, décorés de compartiments et de médaillons à sujets mythologiques et fleurs, en grisaille et en couleurs sur fonds de nuances variées, rehaussés d'or.

179 — Lampe en porcelaine de Chine, bleu-empois, monture en bronze doré de chez BARBEDIENNE.

180 — Soupière ronde en porcelaine moderne de Berlin, à sujets champêtres et fleurs.

181 — Deux Soupières ovales et leurs Plateaux, en ancienne porcelaine allemande à décor de fruits et quadrillages.

182 — Deux Vases ovoïdes à piédouche en porcelaine de Vienne, décorés de sujets mythologiques sur base de même porcelaine.

183 — Sucrier en porcelaine Louis XVI, à décor de fleurs.

184 — Deux Vases balustres carrés, en ancienne porcelaine de la Compagnie des Indes, décor à mandarins, bases en bronze de style Louis XVI.

185 — Deux Vases surbaissés en ancienne porcelaine de Chine à décor de pivoines et feuillages en bleu, garnis de monture Louis XIV, à anses mascarons, gorges et socles en bronze doré.

186-187 — Cinq Plats en vieux Japon, décors variés en bleu, rouge et or.

188 — Vase-rouleau en ancienne porcelaine de Chine, décoré de dragons en bleu et rouge de cuivre.

189 — Deux petites Potiches en vieux Japon.

190-191 — Deux Légumiers ronds et cinq Plats ovales en ancienne porcelaine de la Compagnie des Indes, décor émaillé à fleurs et oiseaux.

192 — Vase à trois goulots, en porcelaine de Chine à décor de fleurs sur fonds variés : rose, vert et jaune.

193 — Plat rond en vieux Chine, décoré en émaux de la famille rose.

194 — Jardinière carrée en porcelaine de Chine émaillée, avec monture de style en bronze.

195 — Deux Vases balustres couverts en porcelaine de Chine, moderne à fleurs et oiseaux sur fond jaune.

196 — Vase cylindrique couvert en ancienne porcelaine du Japon, décor de compartiments de fleurs se détachant sur un fond de rinceaux bleus, monture en bronze doré.

197 — Deux Vases balustres en porcelaine de Chine moderne, décorés de figures.

198-202 — Porcelaines diverses : Cabaret en Saxe, Théières, Vases, etc., en Chine et Japon.

203 — Deux grands Vases en porcelaine de Canton.

204 — Deux petits Porte-Bouquets en ancienne porcelaine de Chine à décor bleu.

FAIENCES

205-208 — Quatre Plateaux de formes variées en ancienne faïence de Moustiers, décor bleu d'après Bérain.

209-210 — Compotier et quatre Assiettes en vieux Rouen, décor polychrome dit à la corne.

211 — Plat à contours en vieux Rouen, décor à la pagode.

212 — Assiette en ancienne faïence de Moustiers, décor polychrome à médaillon : le Char de Vénus ; bordure à guirlandes de fleurs.

213 — Écuelle de même faïence à compartiments a personnages et guirlandes.

214 — Deux Bouteilles en faïence ancienne de Delft, décor bleu genre chinois.

215-216 — Sous ce numéro, divers Plats en faïence de Delft et autres.

ÉMAUX CLOISONNÉS

217 — Deux grands Vases en émail cloisonné de la Chine, décorés de dragons et de fleurs sur fond turquoise.

218 — Deux Lampes montées sur des Vases-rouleaux en émail cloisonné de la Chine, fond brun.

219 — Coupe ovale en émail cloisonné de la Chine, à fleurs et oiseaux sur fond noir, monture de style en bronze.

220 — Deux Vases piriformes en émail cloisonné de la Chine, à fleurs et vases sur fond rose.

221 — Petit Brûle-Parfums, tripode en ancien émail cloisonné de la Chine, anses en bronze.

222 — Jardinière carrée en émail cloisonné de CHRISTOFLE, décor de poissons, monture en bronze doré.

223 — Aiguière en émail de Canton.

OBJETS DIVERS

224 — Coffret carré en émail cloisonné et bronze, de chez Tahan.

225 — Coffret oblong, style grec, en bronze, avec quatre bas-reliefs en ivoire : ronde d'enfants.

226-231 — Objets d'étagère, Groupes figurines en porcelaine, ivoires, Boites en émail.

SCULPTURES ET MARBRES

232 — Statuette de Baigneuse debout. Marbre blanc, œuvre originale de d'Épinay, signée et datée ; Rome, 1872. Haut $0^m,95$. Socle en peluche rouge.

233 — Statuette de baigneuse se préparant à plonger. Marbre blanc, par Lapini. Florence, 1880. Haut. $0^m,92$.

234 — Groupe en marbre blanc. Roméo et Juliette. Socle ovale.

235 — Statuette en marbre blanc, l'Amour au Dauphin, d'après Verrochio. Haut. $0^m,77$.

236 — Fût en serpentine cannelé.

237 — Deux Colonnettes supports en marbre de couleur avec chapiteau en bronze.

238 — Fût en marbre avec chapiteau en bronze.

BRONZES D'ART

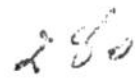

239 — Deux Statuettes de Voltaire et J.-J. Rousseau assis, en bronze patiné vert, sur socles ornés d'appliques en bronze doré.

240 — Deux Vases en bronze doré, style antique, sur bases en marbre blanc.

241 — Deux Statuettes : Don Quichotte et Sancho, en bronze.

242 — Statuette de Sapho, bronze, d'après Pradier.

243 — Deux Aiguières sur plateaux en bronze, style Renaissance.

244 — Miroir de table de style Renaissance en bronze argenté.

245 — Coupe ronde de style antique en bronze patiné.

246 — Statuette de Bacchante en bronze patine brune.

247 — Deux Statuettes en bronze, d'après Pradier : la Chasse et la Pêche.

248 — Deux Statuettes de Pêcheur et de Pêcheuse, en bronze, de Lévêque.

249 — Porte-Allumettes surmonté d'un coq en bronze de Caïn.

250 — Deux petits Presse-Papiers en bronze : Amours assis et étudiant.

251 — Lion, la patte levée sur un serpent, bronze de Barye (édition du maître).

252 — Petite Coupe en bronze de Barbedienne.

253 — Petit groupe, Ariane sur le tigre, bronze de Clesinger.

254-257 — Divers petits bronzes, Figurines, Vases, etc., du Japon.

258 — Statuette de Bernard Palissy assis, bronze à patine brune.

259 — Statuette de Benvenuto de Cellini, assis, bronze à patine brune.

260 — Deux Statuettes en bronze, Amours se chauffant, style Louis XVI.

261 — Chien de chasse assis, bronze de Mène.

262 — Statuette de la Fortune, bronze de Barbedienne, frotté d'or, d'après Moreau-Vautier, 1878.

263 — Deux petites Amphores en bronze ciselé et doré, à têtes d'Amours, guirlandes de fleurs et draperies, de chez Barbedienne.

PENDULES
ET BRONZES D'AMEUBLEMENT

264 — Pendule de l'époque Louis XVI, en marbre blanc sculpté, décorée d'une femme drapée à l'antique, près d'un autel, supportant une coupe ; à gauche, une amphore, sur la base, frise en bronze doré à sujet mythologique.

265 — Deux Candélabres composés chacun d'une statuette de femme debout supportant un bouquet de trois lumières en bronze doré et marbre blanc.

266 — Pendule de style Louis XVI, en bronze doré, flanquée de deux cornes d'abondance et surmontée des attributs de l'Amour, socle en marbre blanc à rosaces et rinceaux.

267 — Pendule-applique Louis XIV et son socle de suspension en marqueterie de cuivre et d'écaille, garnie de bronzes, bas-relief : Le Char d'Apollon, et surmontée d'une statuette du Temps.

268 — Petite Pendule de style Louis XIV en marqueterie de cuivre et d'écaille.

269 — Garniture de cheminée en bronze et marbre blanc de chez Raingo, composée d'un groupe : *La Confidence*, d'après Grégoire, et de deux Candélabres de style Louis XVI, vases supportant onze lumières.

270 — Deux Chenets de même style que la garniture qui précède.

271 — Deux bras appliques à six lumières de même style.

272 — Deux vases en bronze, ornés de trois statuettes en ronde bosse, figures de femmes et d'enfants.

273 — Garniture de cheminée en bronze patiné et bronze doré, la pendule surmontée d'un groupe allégorique de quatre figures, les candélabres à sept lumières ornés de figures d'enfants.

274 — Guéridon-trépied en bronze doré de style Louis XVI, avec dessus en malachite.

275 — Cartel en bronze de style Louis XVI, à mascaron, vase et feuillages.

276 — Deux Flambeaux-cassolettes, style Louis XVI, en porcelaine blanche sur trépieds en bronze doré.

277 — Suspension-lustre en bronze nickelé et doré, genre Renaissance, de chez Barbedienne, à une lampe et vingt bougies.

278 — Deux Girandoles à six lumières assorties.

279 — Lustre en bronze de style Louis XVI, à guirlandes de fleurs.

280 — Jardinière sur trois pieds, en bronze japonais, à oiseaux et dragons en relief.

MEUBLES

281 — Petite Vitrine de salon à coins arrondis, de style Louis XVI, en marqueterie de bois de couleur, garni de bronzes, dessus de marbre blanc à galerie de cuivre.

282 — Petite Commode à deux tiroirs, en bois satiné, de forme contournée, garnie de bronzes, encadrement et chutes de style Louis XV.

283 — Table de style Louis XV, à contours en bois de rose marqueté à fleurs, garnie de bronzes, chutes poignées et quart de rond.

284 — Deux petites Tables-supports, forme Louis XV, en acajou, à pieds ornés de chutes à têtes de femmes en bronze doré.

285 — Jardinière, genre Louis XV, en bois de rose incrusté, garnie de plaques de porcelaine et de bronzes.

286 — Petite Crédence d'entre-deux dans le goût de Louis XVI, en bois noir sculpté, ornée sur la porte du corps supérieur d'un médaillon en buis finement sculpté offrant une corbeille de fleurs. Exécutée par Guéret.

287 — Secrétaire en bois satiné et marqueterie de cuivre, montants à colonnettes aux angles et garni de moulures en cuivre. Il contient un coffre-fort de Haffner. Dessus de marbre.

288 — Table de style Henri II, en noyer sculpté, piètement à balustres.

289 — Deux Meubles d'entre-deux, de style Louis XVI, à deux portes, en bois de rose avec deux sujets de figures en marqueterie de bois et ornés de bronzes dorés. Dessus de marbre blanc.

290 — Console Louis XVI en acajou, à côtés concaves. Dessus de marbre blanc.

291 — Petite Console Louis XVI en acajou, garnie de cuivre.

292 — Vitrine à deux corps de forme Louis XV, en bois de rose marqueté, garnie de chutes à têtes de femmes et de divers ornements de bronze doré.

293 — Bureau, bonheur du jour, en bois de rose incrusté de nacre et de marqueterie de bois, garni de bronzes dorés.

294 — Table-support carrée, de style chinois, en bois noir avec dessus en émail cloisonné de Chine.

295 — Bureau à cylindre en bois noir et marqueterie de bois de couleur de style Louis XIII, surmonté d'une étagère.

296 — Commode Louis XVI à côtés arrondis, en acajou, garnie de moulures de bronze, dessus de marbre blanc avec galerie de cuivre.

297 — Console Louis XVI en acajou, garnie de moulures de cuivre, dessus de marbre blanc et tablette d'entre-jambes.

298 — Ecran de style Louis XVI en bois doré, à feuille en tapisserie moderne, sujet pastoral de deux figures dans le goût de Boucher.

299 — Baromètre-Thermomètre Louis XVI en bois peint en blanc et doré.

300 — Glace dans un cadre Louis XVI en bois doré, à faisceaux et rubans, surmonté d'un trophée de musique.

301 — **PIANO DROIT** en bois noir de Oury.

302 — **BILLARD** en bois noir, avec accessoires.

303 — Dessus de billard en peluche verte et bande d'application.

304 — Ameublement de salle à manger en chêne sculpté exécuté par la Maison Guéret; il comprend un buffet étagère à cariatides, figures d'enfants et haut-relief sujet de chasse, un dressoir, une table ronde et quinze chaises garnies en maroquin.

305 — Deux Torchères en noyer sculpté par Guéret, formées chacune d'une figure d'Amour assis sur des trépieds.

306 — Ameublement de chambre à coucher en palissandre sculpté et frisé, genre Louis XVI, composé d'un lit, une armoire une commode et une table de nuit.

307 — Armoire à deux portes, en bois noir sculpté, à montants cannelés.

308 — Table-Bureau de même travail. Dessus de drap rouge.

309 — Armoire normande en chêne sculpté, à ornements Louis XVI.

310 — Commode Louis XVI en acajou, à moulures de cuivre.

311 — Meubles divers en acajou et palissandre.

SIÈGES

312 — Trois Fauteuils en bois doré, garnis de tapisserie de l'époque Louis XVI, à figures pastorales et animaux, sujets variés.

313 — Deux Chaises en bois doré, garnies de tapisserie à fleurs.

314 — Fauteuil Louis XIII en bois sculpté, à siège et dossier cannés.

315 — Fauteuil Louis XIV en bois sculpté, garni de canne.

316 — Ameublement de salon de style Louis XVI en bois doré et velours ciselé à fleurs, composé d'un canapé, quatre fauteuils et deux chaises. (De la Maison GUÉRET.)

317-319 — Sept Chaises légères variées, de style Louis XVI en bois doré.

320 — Deux Fauteuils confortables en satin jaune brodé et peluche rouge.

TAPISSERIES

321-324 — Suite de quatre Tapisseries de Bruxelles, du XVIIe siècle, représentant des sujets tirés de l'histoire, figures drapées, architecture et paysage. Elles sont encadrées de larges bordures à fleurs, médaillons et cartouches avec figures d'Amours, Haut.: 3^m,40 ; Larg. : 3^m,30 ; 3^m,05 ; 3^m,05 ; 2^m,55.

325 — Tapisserie italienne de la fin du XVIe siècle, représentant une Femme dans un palais à colonnades, accompagnée de trois suivantes portant des cassettes. Bordure rapportée, à mascarons et grotesques sur fond carrelé de rouge. Haut. : 3^m,15 ; Larg. : 2^m,90.

326 — Tapisserie flamande du XVIIe siècle, finement tissée de soie, représentant un sujet de chasse, dans un paysage animé d'oiseaux. Elle est encadrée d'une bordure de fleurs et de médaillons à petits paysages. Haut : 3^m ; Larg. : 2^m,20.

327-330 — Suite de quatre Tapisseries d'Aubusson, du xvIIe siècle, représentant des jeux d'enfants dans des paysages boisés. Elles sont entourées de bordures à fleurs, palmes et ornements. Haut. : 2m,90 ; Larg. : 5m; 3m,55 ; 1m,60 ; 3m,05.

331 — Tapisserie du xvIIe siècle, représentant une entrevue de deux guerriers de l'antiquité, sur fond de paysage au bord de la mer. Bordure à figures animaux et attributs. Haut. : 2m,90 ; Larg. : 4m.

332 — Tapisserie d'Aubusson, de l'époque Louis XV, offrant deux enfants dans un paysage avec bordure simulant un cadre. Haut. : 2m,60 ; Larg. : 1m.80.

333 — Portière en ancienne tapisserie de Flandre représentant des enfants dans un parterre avec jets d'eau. Bordure de fleurs, garniture de peluche. Haut. de la tapisserie : 2m.50 ; Larg. : 1m,55.

334 — Tapisserie d'Aubusson, du xvIIe siècle, offrant un sujet de quatre figures dans un paysage boisé. Bordure à rinceaux. Haut. : 3m ; Larg. : 3m,50.

335 — Portière en ancienne tapisserie-verdure avec cours d'eau, encadrée d'une bordure de fleurs. Haut. : 2m.60 ; Larg. . 1m,50.

336 — Deux Panneaux formant une portière double, en ancienne tapisserie-verdure, avec bordure de fleurs. Haut. : 2m,40 ; Larg. : 1m.40 × 1m,40.

337 — Portière double en ancienne tapisserie de Felletin, à larges fleurs et verdure sur fond clair. Bordure. Haut. : 2m.70 ; Larg. : 0m.70 × 0m,70.

338 — Encadrement de porte composé de bordures d'ancienne tapisserie à trophées d'armes et médaillons, garniture de peluche cramoisie.

339 — Deux grandes Portières en tapisserie flamande de la fin du XVIe siècle, sujets de grandes figures dans des paysages, bordures formées de colonnes sur les côtés. Haut. : 3m,10.

340 — Deux Panneaux de tapisserie moderne au point, motifs de décoration à fleurs et médaillons d'oiseaux, avec armoiries brodées aux angles.

341 — Tapisserie d'Aubusson du XVIIe siècle, sujet mythologique, bordure à rinceaux de fleurs. Haut. : 2m,90 ; Larg. : 2m,30.

342 — Pente en ancienne tapisserie à fruits et fleurs. Haut. : 3m,20 ; Larg. : 0m,45.

343 — Trois Fragments d'ancienne tapisserie verdure.

344 — Deux Coussins carrés en tapisserie hollandaise du XVIIe siècle, à médaillons, figures et fleurs.

345 — Plusieurs Carpettes orientales.

TABLEAUX

346 — **Anastasi**. Étude d'arbres

347 — **Chalamet**. L'Amateur chez l'artiste peintre.

348 — **Dargelas**. La Grand'Maman.

349 — **Debeule** (H.). Deux Ecoliers.

350 — **Desportes** (D'après). Chien et Gibier.

351 — **Giraud** (Eugène) (1880). Serviteur arabe.

352 — **Giraud** (Eugène). Femme orientale à la fon-

353 — **Girouard** (H.) (1846). Vierge et Jésus.

354 — **Lenfant de Metz.** Scène enfantine.

355 — **Lottier** (L.). Vues du Bosphore. Deux pendants.

356 — **Malbranche.** Convoi militaire ; temps de neige.

357 — **Maronn.** Jeune Paysanne.

358 — **Midy.** La Partie de Cartes.

359 — **Schnetz.** Italiennes à la Fontaine. Aquarelle.

360 — **Schopin** (1866). Cléopâtre.

361 — **Schopin** (1860). Suzanne au bain.

362 — **Troyon.** Vache blanche couchée. Etude provenant de la vente après décès de l'artiste.

363 — **Van der Eycken** (1865). Le Passage du Gué.

364 — **École moderne.** Le Poulailler.

365 — **École moderne.** Moine au bas d'un escalier.

366 — **X...** La Réprimande.

367 — **X...** Rue de ville d'Italie.

368 — **X...** Deux Enfants dans un intérieur.

369 — **X...** Enfant endormi près d'un chien. Pastel ovale.

370 — **Anastasi.** Maison dans la carrière, à Marlotte.

371 — **Anastasi.** Chênes aux monts de Faÿs ; Fontainebleau.

372 — **Carolus** (J.). La Lettre.

373 — **Dreux** (D'après A. de). Cavalier turc au repos.

374 — **Van Huysum** (D'après). Corbeille de Fleurs.

375 — **Martin** (P.). Le Militaire de la Cuisinière.

376 — Deux Gravures d'après H. Vernet : Le Cheval du Trompette ; le Chien du régiment.

377 — Tableaux divers et Gravures.

MOBILIER DE LA MAISON DE CAMPAGNE

378 — Bureau Louis XVI à cylindre, en acajou, à moulures de cuivre.

379 — Commode Louis XV à trois rangs de tiroirs en bois marqueté à filets, le devant à ressaut, garnie de bronzes, dessus de marbre.

380 — Table de salon en marqueterie de cuivre, ornée de bronzes, genre de Boulle.

381 — Petit Bureau de dame en bois de rose et bois de violette, genre Louis XV, garni de bronzes et surmonté d'une étagère.

382 — Table à jouer en bois noir, ornée de bronzes et de filets de cuivre.

383 — Deux Glaces biseautées, bordures dorées et ajourées à contours.

384 — Billard en palissandre (de Crozier) avec ses accessoires.

385 — Meuble d'entre-deux en bois noir, dessus de marbre blanc.

386 — Ameublement de salon en palissandre et velours rouge.

387 — Prie-Dieu ancien en bois marqueté.

388 — Bureau à dos-d'âne, forme contournée Louis XV en marqueterie de bois de couleurs et bois de rose, garni de bronzes.

389 — Commode Louis XVI en marqueterie de bois, à médaillon de trois figures sur le devant.

390 — Salle à manger en chêne blanc sculpté.

391 — Meubles de chambre à coucher en palissandre, acajou et pitchpin.

392 — Meubles de cabinets de toilette.

393 — Plats et Assiettes en vieux Japon et porcelaine moderne.

394 — Deux Lampes sur vases en porcelaine décorée, genre Sèvres, montées en bronze.

395 — Plat ovale et deux Assiettes en faïence de Moustiers, décor de guirlandes en jaune.

396 — Trois Compotiers feuilles, un Compotier rond, et deux Plateaux triangulaires en porcelaine de Saxe et autres.

397 — Deux Vases Empire en porcelaine fond vert à sujets de figures grecques, rehaussés de dorure.

398 — Groupe en bronze d'après CLODION : Faunesse et deux petits Faunes.

399 — Groupe en bronze argenté : Deux Enfants se disputant un tambour. Signé AMY, 1876.

400 — Buste de Femme couronnée de fleurs, bronze d'après SALMSON.

www.ingramcontent.com/pod-product-compliance
Ingram Content Group UK Ltd.
Pitfield, Milton Keynes, MK11 3LW, UK
UKHW022151170726
13837UKWH00004B/1911

9 782329 513652